GUÍA DE LECTURA

Escrita por Cécile Perrel
Traducida por Clara Raposo Romero

Cometas en el cielo

de Khaled Hosseini

Entiende fácilmente la literatura con

ResumenExpress.com

www.resumenexpress.com

KHALED HOSSEINI

ESCRITOR AMERICANO DE ORIGEN AFGANO

- **Nacido en 1965 en Kabul (Afganistán)**
- **Algunas de sus obras:**
  - *Cometas en el cielo* (2003), novela
  - *Mil soles espléndidos* (2007), novela

Khaled Hosseini es un escritor de origen afgano, nacido en Kabul en 1965. Hijo de un diplomático y de una profesora, se marcha muy joven de Afganistán, siguiendo a su padre en sus diferentes destinos. La familia vive después en París y pedirá más tarde asilo en Estados Unidos: prefieren no entrar en su país que entonces estaba bajo el yugo de Rusia.

Tras haber terminado el bachillerato, Khaled Hosseini se licencia en biología, después realizará un doctorado en medicina. Desde este momento compagina su profesión de médico con la escritura de novelas. Su primer libro, *Cometas en el cielo* (2003), ha tenido un éxito considerable, al igual que el segundo, *Mil soles espléndidos* (2007).

COMETAS EN EL CIELO

LA HISTORIA DE AFGANISTÁN VIVIDA POR UN NIÑO

- **Género**: novela
- **Edición de referencia**: Hosseini, Khaled. 2004. *Cometas en el cielo*. Traducido por Isabel Murillo Fort. Barcelona: Salamandra
- **Primera edición**: 2003
- **Temas**: recuerdos, racismo, cobardía, culpabilidad, perdón

Cometas en el cielo, novela que apareció en Estados Unidos en 2003 y en España en 2004, cuenta cómo Amir se sumerge en sus recuerdos de la infancia, cuando vivía todavía en su país, Afganistán, del que tuvo que marcharse junto a su padre debido a la ocupación rusa. Deja atrás su mundo, sus recuerdos y sus errores. Pero estos volverán a su memoria encontrando el autor una manera de redimirlos.

Esta novela, que ha tenido un éxito inmenso, nos presenta la historia del Afganistán de los años 70, desde la ocupación rusa hasta el régimen de los talibanes, todo ello visto esencialmente desde la mirada de un niño.

RESUMEN

COMO DOS HERMANOS

Amir es un joven afgano de más o menos diez años. Vive solo con su padre, Baba, uno de los comerciantes más ricos de Kabul. A pesar del amor incondicional que profesa a su Baba, tiene una relación compleja con él. De hecho, Amir es el polo opuesto de su padre: es un chico enfermizo, poco deportivo, interesado sobre todo en la lectura y que se deja maltratar por los otros niños. Su sufrimiento encuentra apoyo con frecuencia en Rahim, el asociado de Baba. Este comprende la separación entre padre e hijo e intenta consolar al joven. Asimismo, es el único que cree que hay talento en los intentos de escritura de Amir.

Amir pasa los días en compañía de Hassan, el hijo del sirviente, Ali, que forma parte de los hazaras. Este pueblo fue perseguido por los pastunes durante muchos años, y desde entonces, no les queda otra opción a Hassa y a su padre que sobrevivir como sirvientes. Los dos niños comparten el mismo vacío: ninguno de ellos conoce a su madre. La de Amir murió dando a luz, la de Hassan huyó tras el parto. Ambos han tenido la misma nodriza y han vivido cerca el uno del otro. En consecuencia, los vínculos que les unen son muy fuertes. Pero los puntos en común no terminan ahí ya que en realidad son hermanastros, lo que Amir averiguará cuando sea adulto.

Una tarde de julio de 1973, tras la derrota del rey, estallan los fusilamientos en casi todo Kabul, lo que marca «el principio del fin» para Amir. Al día siguiente, mientras jugaban en una especie de campo, Amir y Hassan se encuentran con otros niños de su edad que conocen bien. Entre ellos está Assef, un joven violento y racista que profesa una gran admiración por Hitler. Odia a los hazaras y desearía que en su país no hubiera más que pastunes. En el momento en que se prepara para pegar a Amir, castigándolo por ser amigo de Hassan, este saca su tirachinas y lo amenaza. Presa del pánico, Assef abandona el campo prometiendo vengarse de esta afrenta.

EL COMBATE DE LAS COMETAS

Todos los inviernos tiene lugar el tradicional combate de cometas: cada niño, equipado con una cometa, tiene que intentar cortar el cordel de los contrincantes por medio de trozos de cristal pegados en el suyo. El que consigue aguantar hasta el final es el ganador y, como recompensa, consigue cada cometa eliminada. Amir y Hassan son particularmente buenos en este juego: Amir maneja la cometa mientras que Hassan corre en busca de las que se han caído. Ese año, Amir espera ganar el torneo con especial interés, para poder acercarse a su padre y hacerle sentir un poco más orgulloso de su hijo.

El joven consigue superar los diferentes duelos y, mientras recoge todo el material, Hassan va a buscar la última cometa vencida. Al cabo de un rato, viendo que su amigo tarda mucho en volver, Amir se marcha a buscarlo y lo encuentra en medio de una emboscada que le han tendido Assef y sus amigos. Este último pretende que Hassan le devuelva su cometa, pero como se niega, decide darle una lección de vida y lo viola. Petrificado, sin atreverse a intervenir, Amir contempla la escena detrás de un seto antes de huir, aterrado tanto por lo que acaba de ver, así como por su cobardía.

Este acontecimiento marca el final de su amistad. Posteriormente los dos chicos no se hablarán más. Amir no puede soportar ver a Hassan porque le recuerda lo cobarde que fue. Entonces, intenta que echen a Ali y a su hijo de la casa acusándolos de robo. Finalmente alcanza sus objetivos y, a pesar de la desesperación de Baba, los dos hazaras desaparecen de su vida.

LA REDENCIÓN

En marzo de 1981, Amir huye de Afganistán con su padre escapando así de la ocupación rusa. Consiguen llegar a Estados Unidos y se instalan en California. Allí, su padre trabaja como empleado de una estación de servicio, lo que cambia su modo de vida. En cuanto a Amir, continúa sus estudios y entra en la universidad con el fin de estudiar técnicas de escritura para convertirse en escritor, muy a pesar de su padre, que habría preferido que fuera abogado o médico. En 1989 publica su primera novela.

Un día, conoce a Soraya Taheri, la hija de un general afgano. Se enamora al instante, le pide matrimonio y se casa con ella. No obstante, una sombra oscurece la escena: no consiguen tener hijos. Amir piensa que se trata de un castigo por la cobardía que demostró cuando era pequeño. Pero un día de junio de 2001, el teléfono suena: es Rahim, el antiguo asociado de su padre, que le hace ver que «existe una manera de redimirse». De hecho, Rahim tiene una misión que confiarle: salvar al hijo de su viejo amigo Hassan y educarlo.

Amir acepta ir a visitarlo a Pakistán. Rahim le entrega una carta de Hassan en la que le cuenta su vida: le narra que se casó, que tuvo un hijo y que espera volver a ver algún día a Amir, al cual profesa su compromiso eterno. Pero Rahim no le cuenta el resto de la historia: Hassan y su mujer fueron asesinados por los talibanes, dejando huérfano a Sohrab, su hijo. Lo que Rahim pretende es que Amir lo rescate del orfanato. Del mismo modo Rahim le desvela que Hassan era en realidad hijo de Baba, que había tenido una breve relación con la mujer de su sirviente.

Amir acepta la misión. Ve en ella la ocasión de pagar por sus pecados y de borrar el mal que pudo hacerle en el pasado a su amigo. Se marcha por tanto a Kabul y descubre en el orfanato que el pequeño Sohrab ha sido secuestrado por un talibán semanas atrás. Cuando Amir lo encuentra, descubre estupefacto que quien lo ha secuestrado es Assef. Los dos hombres se pelean y Amir consigue escapar con el niño.

Regresan a Estados unidos donde Soraya está encantada de acoger al sobrino de su marido. Pero el camino será largo para Sohrab que, afectado por lo que ha vivido, se sumerge en un profundo silencio, rechazando prácticamente toda comunicación. Sin embargo, Amir no se desanima y hace todo lo que está en su poder para ofrecer una vida cómoda y tranquila al hijo de su amigo.

ESTUDIO DE LOS PERSONAJES

AMIR

Amir es un joven que tiene más o menos diez años al comienzo de la historia. Huérfano de madre, vive en un universo exclusivamente masculino, rodeado de su padre, Baba, de Ali, el sirviente, y del hijo de este, Hassan, que tiene un año menos y que es su compañero de juegos. Amir siente un amor desmesurado por su padre y, sin embargo, la relación entre ambos es difícil. De hecho, Baba habría deseado un niño deportivo y dinámico, pero Amir es asustadizo, miedoso, tranquilo y le gusta la lectura.

Alrededor de Hassan, con quien pasa la mayor parte del tiempo, el carácter de Amir cambia completamente: se vuelve autoritario y cínico, superando con frecuencia los límites de la maldad, dispuesto a todo para probar la fidelidad de su amigo. Su cobardía frente a los otros niños destruye su mundo ya que no se atreve a actuar en la agresión de la que Hassan es víctima. Por cobardía, prefiere huir y hace como si ignorara lo que pasó. Prefiere que echen a Hassan y a su padre por falsos motivos antes que ver a su amigo todos los días, ya que su presencia le recuerda su cobardía.

Más tarde, Amir se atreve a oponerse a su padre cuando tiene que elegir una carrera: quiere convertirse en escritor y no en médico o abogado. Pero la llamada de Rahim y su vuelta al país natal van a cambiarlo por completo. Su actitud durante la violación de Hassan pesa en su conciencia desde hace una decena de años y le llega por fin la posibilidad no de redimirse —puesto que el mal ya ha sido hecho y no puede ser reparado— sino de dejar el miedo de lado y de dar muestras de altruismo. El acto es más importante aún porque se trata del hijo de Hassan.

Amir no es un héroe clásico, ya que se trata de un personaje cobarde, miedoso y egoísta. Pero representa nuestros propios miedos y permite que el lector se plantee la pregunta «¿Qué habría hecho yo en su lugar? ¿Habría intervenido para salvar a mi amigo poniendo en riesgo mi propia vida o habría huido?».

BABA

Amir habla sobre su padre y dice:

> «Mi padre era la fuerza misma de la naturaleza, un imponente ejemplar de pastún; barba poblada, cabello de color castaño, rizado e ingobernable como él mismo; sus manos parecían poder arrancar un sauce de raíz. Tenía una mirada oscura capaz de hacer caer al diablo de rodillas suplicando piedad» (Hosseini 2004, 21).

Viudo, nunca se volvió a casar incluso si al final averiguamos que tuvo una breve relación con la mujer de Ali y que Hassan es su hijo. Es un comerciante adinerado: posee dos farmacias, un restaurante y exporta alfombras. Puede ofrecer a su hijo una vida con todas las necesidades cubiertas, pero parece incapaz de mostrarle afecto. Baba no comprende a Amir, no comparte ninguno de sus intereses y se siente triste al ver la poca confianza que tiene en sí mismo. Dominante en Afganistán, se encuentra en un estatus inferior cuando se instala en Estados Unidos: ya no está en su país, ha perdido sus referencias y Amir lo supera en importancia.

HASSAN

Oficialmente es el hijo de Ali, el sirviente de la casa. Por su origen hazara es condenado desde su nacimiento a servir y a no recibir ninguna educación. Sin embrago, Hassan es vivo e inteligente, y profesa un amor sin límites por Amir. Comparte sus juegos y está dispuesto a sacrificarse por él como cuando derrota a Assef en su primer altercado, gesto que determinará su destino ya que Assef querrá vengarse de esta afrenta. Sabe que Amir vio la escena de la violación y que su amigo planificó paso a paso el falso robo para que los echaran de la casa. Sin embargo, no revela nada. Su entrega no tiene límites.

Antes de morir, deja una carta para Amir donde le garantiza su fidelidad. Lejos de ser un chico sin personalidad, Hassan aparece como un ser generoso y fiel.

CLAVES DE LECTURA

LA IMAGEN DEL PADRE

Cometas en el cielo es una novela casi exclusivamente masculina. De este modo, las mujeres tienen poca presencia, exceptuando a Soraya y a su madre, en la segunda parte de la obra. La imagen del hombre, y particularmente la de padre, tiene en la obra una gran importancia.

Encontramos diferentes tipos de padre: el padre adorado pero distante encarnado por Baba; el padre ideal en el personaje de Rahim; el padre discreto que haría todo por su hijo, como Ali; y por último, el hombre que desea ser padre y que no lo consigue.

- Baba es el único padre que Amir conoce ya que su madre murió al dar a luz. Sin embargo, tienen una relación difícil. Amir dice de él: «Baba y yo vivíamos en la misma casa, pero en diferentes esferas» (Hosseini 2004, 60). Estos dos individuos no se comprenden: Amir está convencido de que su padre está en su contra por haber «matado» a su madre, y Baba no soporta el carácter apagado y tímido de su hijo. Su debilidad física le parece una tara y las repetidas molestias que sufre Amir cuando van en coche le exasperan. Sin embargo, Amir dice: «Yo reverenciaba a Baba con una intensidad cercana a la religión...» (Hosseini 2004, 40). El único momento donde estos dos seres entran en sintonía es durante la victoria d Amir en el combate de las cometas, pero a costa de sacrificar su amistad con Hassan. Este último es el hijo secreto de

Baba, que el lector averiguará al final de la novela, del mismo modo que Amir. Comprenderemos finalmente por qué Baba siempre ha tratado a Hassan como a su propio hijo, lo que sorprendía a veces a Amir.

- Ali, el padre oficial de Hassan, es discreto, pero estricto y entregado a su hijo. No participa en ninguna de las actividades del hijo. Sin embargo, no duda en defender a Hassan cuando Amir lo acusa de robo.

- Rahim es amigo y asociado de Baba, pero también el único hombre adulto que presta atención a Amir, que cree en él y en sus cualidades. En este sentido, constituye la figura del padre ideal. Cuando las relaciones entre Baba y Amir son demasiado difíciles, Amir incluso llega a desear que Rahim sea su padre. Rahim es el primero en apoyar a Amir en sus proyectos de escritura y también le recuerda sus deberes y le pide que pague sus errores volviendo a Afganistán para salvar a Sohrab.

- Amir, también adulto, desea más que nada en el mundo ser padre y, sin embargo, la pareja que forma con Soraya no consigue concebir: «[...] que quizá algo, alguien, en algún lugar, hubiera decidido negarme la paternidad por lo que había hecho. Tal vez fuera ése mi castigo, y quizá fuera justo» (Hosseini 2004, 196). Más tarde, cuando adopta a Sohrab, debe esforzarse en ganarse su confianza. Amir debe aprender a ser padre y a ceder a las reticencias del niño para intentar no ser muy duro con él.

EL TEMA DE LA CULPABILIDAD

La culpabilidad designa un sentimiento que conduce al individuo a considerarse responsable de un acto. Amir siente esta culpabilidad a lo largo de la novela, por varias razones:

- se siente culpable de la muerte de su madre. De hecho, como murió tras dar a luz, piensa que es responsable, aunque él no haya tenido nada que ver;
- después, se siente culpable de la violación de Hassan y su recuerdo lo perseguirá durante toda la vida. Amir vio la escena, habría podido intervenir para defender a su amigo, pero deseaba, más que nada, llevarle las cometas a su padre para ver el orgullo en sus ojos. Por esta razón, decide huir. Y, sin embargo, la culpabilidad que siente de cara a su propia cobardía se hace insoportable. La presencia de Hassan le recuerda su cobardía y su debilidad. Únicamente su viaje a Estados Unidos, que le permite alejarse del lugar de su falta, lo tranquiliza: «Para mí, América era un lugar donde enterrar mis recuerdos» (Hosseini 2004, 139).
- Baba es también víctima de un sentimiento de culpabilidad, aunque lo averigüemos sólo al final de la novela, cuando Amir descubre el secreto sobre el nacimiento de Hassan. Baba es su verdadero padre. Se siente culpable de no haber podido ocuparse de él como de Amir. Aprovecha la menor ocasión para intentar arreglar esta falta con regalos, como la operación estética que regala a Hassan por su cumpleaños, con el fin de curar el labio leporino del niño.
- la culpabilidad es uno de los temas más importantes de la novela. El autor nos muestra cómo los personajes consiguen, o no, vivir con este sentimiento. Durante toda su vida, Baba ha querido expiar su culpa mientras que Amir ha preferido eludir este sentimiento durante una

gran parte de su existencia antes de dejar finalmente que se expresara. A partir de ese momento, asume su responsabilidad y trata de reparar como puede sus errores.

UNA NOVELA DE APRENDIZAJE

La novela de aprendizaje, también llamada novela de formación, nació en Alemania en el siglo XVIII bajo el nombre de Bildungsroman. Nos cuenta el encaminamiento, la evolución del héroe que, al comienzo de la obra, es joven y no tiene experiencia. Lo vemos madurar, evolucionar, ganarse sus galones y forjarse su propia concepción de la vida. En este tipo de obra, el personaje debe enfrentarse a diferentes pruebas que le concederán, al final, una cierta sabiduría. La novela de aprendizaje describe, por tanto, el proceso de maduración del héroe.

Amir sigue un itinerario prototípico de la novela de aprendizaje. Su infancia es feliz, al resguardo de las vicisitudes de la vida, y le guía una cierta moralidad. Ali, hablando de dos jóvenes que fueron criados por la misma ama de cría, declara «que entre las personas que se habían criado del mismo pecho existían unos lazos de hermandad que ni el tiempo podía romper» (Hosseini 2004, 19). Sin embargo, rápidamente, Amir se da cuenta de que vive en un mundo de desigualdades: él es pastún y vive en una bella casa mientras que su amigo Hassan y su padre, que forman parte casi de la familia, viven en una cabaña miserable al fondo del jardín, por el simple hecho de ser hazaras. Esta sensación se ve reforzada por las palabras de Assef, que odia a este pueblo, convencido de que Afganistán pertenece sólo a los pastunes

LIB RR

BÜCHER
PUSTET.de
Nibelungenplatz 1 · 94032 PASSAU
Telefon 0851 56089-0
passau@pustet.de

(Hosseini 2004, 50).

Más tarde, cuando violan a Hassan, Amir comprende que este acto puede no quedar sin castigo alguno porque ha sido un pastún quien ha violado a un hazara. Y, sin embargo, el joven no puede conformarse y aceptar esta fatalidad, a pesar de su propia cobardía que ha permitido este crimen. Amir siente de repente, a través de este drama, que la vida no está hecha tal y como él pensaba hasta el momento. Como vive en un mundo privilegiado, no conoce ni la violencia ni los vicios. Los descubre bruscamente, dejando en él una huella imborrable. Tratando de huir de sus responsabilidades, Amir sólo se vuelve un hombre tras haber plantado cara a la realidad, es decir, tras haber expiado su falta salvando al hijo de su viejo amigo.

El aprendizaje de Amir depende igualmente del territorio geográfico. Siempre que está en Afganistán, permanece bajo el poder de su padre, que toma todas las decisiones por él. Pero la situación cambia por completo cuando se trasladan a California. Allí, Baba pierde todos sus referentes y Amir construye entonces los suyos. En Afganistán, Baba era el hombre fuerte, el responsable; aquí, Amir toma las decisiones y se vuelve el motor de su vida. Consigue finalmente construirse y escapar del yugo de su padre (aunque este deseara sólo el bien de su hijo).

Amir termina completamente su aprendizaje cuando vuelve a su país natal para salvar a Sohrab. Entonces, se cierra el círculo. Amir se hace adulto gracias a las decisiones que debe tomar para continuar viviendo en paz consigo mismo: aun cuando no ha hecho nada para salvar a Hassan, debe pasar a la acción para salvar al hijo de su viejo amigo.

UNA OBRA SOBRE AFGANISTÁN

A lo largo de la novela, el autor nos proporciona información sobre Afganistán, que vive desde hace mucho tiempo un régimen político particularmente inestable.

Afganistán, país de Asia central, antaño punto neurálgico en la ruta de la seda, sufre un profundo desequilibrio político desde 1919. Pero la novela no se remonta a esta época y comienza en los años 70, bajo el reino de Mohammed Zaher Chah. En este momento, el país es próspero, hasta la noche del 17 de julio de 1973, cuando el rey es derrocado por Mohammed Daoud Khan y se proclama la república. «Afganistán cambió para siempre» (Hosseini 2004, 43), dice Amir a propósito de este episodio. A partir de este momento, Rusia incrementa su influencia en el país, conociendo su apogeo en 1978 con la caída de Daoud debido a un golpe de Estado apoyado por los rusos. Es la ocupación rusa lo que conduce a Amir y a su padre a abandonar el país:

> «En Kabul ya no se podía confiar en nadie. A cambio de dinero, o bajo la presión de las amenazas, la gente se delataba entre sí, el vecino al vecino, el hijo al padre, el hermano al hermano, el criado al amo, el amigo al amigo» (Hosseini 2004, 121).

Mientras que Amir y Baba vivían en California, los talibanes tomaron el poder en Afganistán. Esta situación siempre aterrorizó a Baba que le decía a Amir: «Que Dios nos asista si Afganistán llega a caer en sus manos algún día» (Hosseini

2004, 26). Los talibanes pregonan la islamización de la sociedad, las costumbres y la justicia. Lo único que importa es la ley divina. Cuando Amir vuelve a Afganistán, se horroriza al ver el estado en que se encuentra su país y Kabul, que llevan el estigma de las numerosas guerras que sufrieron. En la ciudad, los talibanes montan guardia sin cesar vigilando a la población. Amir asistirá, muy a su pesar, a una lapidación para castigar el adulterio. De hecho, reconoce al talibán que ejecuta la sentencia: no es otro que Assef, que mantiene preso a Sohrab.

De este modo, a lo largo de la novela, el lector sigue la evolución política del país.

PISTAS PARA LA REFLEXIÓN

ALGUNAS PREGUNTAS PARA PROFUNDIZAR EN SU REFLEXIÓN...

- ¿Qué imagen de la familia sugiere esta novela?
- «Si existe un Dios, espero que tenga cosas más importantes que hacer que ocuparse de que yo beba whisky o coma cerdo» (Hosseini 2004, 27). ¿A qué se refiere Baba con estas palabras? Justifique su idea.
- ¿Qué imagen de la mujer nos ofrece la novela a través de los personajes de Soraya y de su madre?
- ¿Cómo se presenta la religión en esta novela? Desarrolle su idea.
- ¿Con qué otras novelas contemporáneas podríamos comparar *Cometas en el cielo*? Explíquelo.
- La historia del héroe Amir no puede separarse completamente de la historia de Afganistán, su país. Explique en qué medida los acontecimientos históricos influyen en el destino del personaje.
- ¿Podríamos considerar *Cometas en el cielo* una novela histórica? Justifique su respuesta utilizando la definición del género y ejemplos concretos de la novela.

¡Su opinión nos interesa!
¡Deje un comentario en la página web de su librería en línea,
y comparta sus favoritos en las redes sociales!

PARA IR MÁS ALLÁ

EDICIÓN DE REFERENCIA

- Hosseini, Khaled. 2004. *Cometas en el cielo*. Traducido por Isabel Murillo Fort. Barcelona: Salamandra.

www.resumenexpress.com

ISBN ebook: 9782806273840

ISBN papel: 9782806285478

Depósito legal: D/2016/12603/482

Cubierta: © Primento

Libro realizado por Primento, el socio digital de los editores